L'AMOUR
RAISONNABLE,

COMÉDIE EN UN ACTE ET EN PROSE,

PAR

M. DE CHAVANGES,

REPRÉSENTÉE, POUR LA PREMIÈRE FOIS, A PARIS,
SUR LE THÉATRE DE L'AMBIGU-COMIQUE,
LE 8 DÉCEMBRE 1829.

PRIX : 1 FR. 50 C.

PARIS.
BEZOU, LIBRAIRE,
ÉDITEUR DU THÉATRE DE M. SCRIBE,
BOULEVARD SAINT-MARTIN, N°. 29.
vis-à-vis le nouveau théâtre de l'Ambigu-Comique,
1829

PERSONNAGES.	ACTEURS.
M. DE VALCOURT, tuteur d'Adèle, homme de 40 ans ; tenue soignée..............	M. CHÉRI.
LE COMTE DE ST.-ERNEST, vieillard gai et aimable. 60 ans. Mise ancienne.........	M. PAUL.
ALFRED DE ST.-ERNEST, son neveu, très-élégant, fat. Mise du dernier goût........	M. DUBOURJAL.
ADÈLE DE GERMONT, pupille de Valcourt, 18 ans, timide et douce...............	M^{le} LOUISE.
ROSE, femme de chambre d'Adèle, gaie, vive et curieuse.........................	Mlle ÉLÉONORE.
UN DOMESTIQUE parlant.............	M. JOLY.
UN DOMESTIQUE muet...............	M. BOURGEOIS.

La scène se passe au château de M. de Valcourt, près Paris.

IMPRIMERIE DE CHASSAIGNON, rue Gît-le-Cœur, N° 7.

L'AMOUR

RAISONNABLE,

[COMÉDIE EN UN ACTE.

●●

Le Théâtre représente un salon de campagne. — Dans le fond, deux croisées ; une porte à jour donnant dans le jardin. — Au lever du rideau, deux Domestiques sont occupés à ranger des fleurs dans des vases.

➤✶◄

SCÈNE PREMIÈRE.

LE COMTE ST.-ERNEST, ALFRED, DOMESTIQUES.

(*Ils arrivent tous deux par la droite.*)

ALFRED , *un mouchoir à la main , s'essuyant la figure.*

Ah! mon Dieu!... Mais c'est affreux, inouï, monstrueux ; me faire marcher par l'heure la plus chaude du jour. (*Il se jette dans un fauteuil.*) D'honneur, mon oncle, je n'en puis plus ; je suis exténué, abîmé... Vit-on jamais idée pareille ? une grande demi-lieue par le soleil le plus ardent!... j'en mourrai. Cela ne serait rien encore, mais ce qui me désespère, c'est que ce maudit soleil m'aura, j'en suis sûr, rendu noir comme un Africain. J'ai le teint si sensible, si délicat ; la peau si douce, si...

LE COMTE.

Si... si ; en finirez-vous, Monsieur, avec vos si ?.. Que diable , tout aussi bien que vous j'ai un teint à ménager ; mais songe-t-on à cela quand il s'agit de voir une jolie femme. (*Au valet.*) Mon ami, obligez-moi de nous annoncer à M. de Valcourt. Les comtes de St. - Ernest, ses voisins.

LE VALET.

J'ai l'honneur de connaître ces Messieurs; s'ils veulent se donner la peine de se reposer... (*Il avance des siéges.*) je vais avertir mon maître de leur arrivée. (*A un autre valet.*) François, apportez des rafraîchissemens à ces Messieurs,

SCÈNE II.

LE COMTE ST.-ERNEST, ALFRED, *puis un Domestique apportant des rafraîchissemens.*

ALFRED, *se regardant dans une glace.*

Tenez, mon bon oncle, je suis à faire peur.

LE COMTE.

Monsieur mon neveu, considérez encore une fois, je vous prie, toute l'importance de la démarche dont je veux bien me charger; certes, je ne puis vous donner une plus grande preuve de mon intérêt. (*Avec fatuité*) Ordinairement ce n'est pas pour le compte d'un autre que je fais des déclarations aux dames.

ALFRED, *le regardant.*

Ah!... et pour qui donc, mon bien bon oncle?

LE COMTE.

Comment pour qui? et parbleu! pour moi.

ALFRED, *riant.*

Pour vous. Ah! ah! ah! quelle plaisanterie !

LE COMTE.

Croyez-vous donc, parce que je n'ai pas votre air vaporeux, que je ne puisse pas obtenir quelques succès près des femmes? vous devriez moins que tout autre en douter, mon cher ami. Auriez-vous déjà oublié la manière originale avec laquelle, il y a six mois, je vous ai soufflé votre danseuse de l'Opéra? (*il rit.*) Ah! ah! ah!

(*Il va près du guéridon où le domestique a déposé les rafraîchissemens; il s'asseoit et boit.*)

ALFRED, *avec humeur.*

Mon oncle...

LE COMTE.

Eh bien! pourquoi ne riez-vous pas; c'est drôle, cependant. Ah! ah! ah!

ALFRED.

C'est un trait...

LE COMTE.

Charmant. (*A part.*) Il est vrai qu'il m'a coûté un peu cher. (*Haut.*) Tenez, Alfred, ne vous frottez jamais à votre oncle, mon cher ami, vous n'êtes pas à sa hauteur. (*Il se lève.*) Cependant, comme il faut bien faire quelque chose pour sa famille, je veux en cette circonstance n'agir que pour vous seul; ainsi voyons, dites-moi avec franchise, et sans chercher à vous flatter, les raisons que vous avez, pour croire que la pupille de M. de Valcourt, la charmante Adèle, sera flattée de ma proposition.

ALFRED.

Mille, mon cher oncle; je vous l'ai déjà dit : mille.

LE COMTE, *avec ironie.*

Vous plairait-il de me faire la grâce de m'en donner une seule?

ALFRED.

Rien de plus facile, mon oncle. Lorsque je la rencontre elle n'ose lever les yeux sur moi; preuve d'amour. En second lieu, toutes les fois que je lui adresse la parole, elle est tellement embarrassée... troublée, qu'à peine si elle me répond; autre preuve d'amour. Enfin, chaque fois qu'en sa présence je m'occupe de toute autre femme, elle paraît m'en vouloir; voilà, je crois, une preuve d'amour incontestable. Qu'en dites-vous?

LE COMTE, *d'un air moqueur.*

Comment donc; mais sur ma parole, voilà certainement de très-belles preuves, en vérité... Vous êtes fou, mon cher ami; prenez garde, vous avez une grande tension à vous abuser souvent sur votre propre mérite, qui ne me fait point du tout l'effet de répondre à la bonne opinion que vous en avez, et...

ALFRED.

Ecoutez, écoutez, cela n'est pas tout encore : pendant le

temps que je suis avec elle, elle est toujours grave et sé-
rieuse, et au moment où je me lève... Écoutez bien ceci,
car c'est notable; au moment où je me lève pour prendre
congé d'elle, alors...

LE COMTE, *s'approchant.*

Alors ?...

ALFRED.

Alors un soupir étouffé s'échappe de la poitrine, comme
si elle se sentait soulagée d'un poids énorme. J'en pourrais dire bien davantage; mais il ne faut pas se vanter, c'est
si mal d'être fat!

LE COMTE, *malignement.*

A merveille! Comment elle soupire et vous dit toutes
ces choses agréables?

ALFRED.

Oui, oui, mon oncle; et dix fois plus encore... avec
ses yeux.

LE COMTE.

Avec les yeux? ce langage est souvent bien équivoque;
moi, par exemple, je ne m'y tromperais pas... la grande
habitude... Mais, quoi qu'il en soit, et puisque vous m'as-
surez que mademoiselle de Germont vous aime...

ALFRED.

A la folie, mon oncle! c'est une chose patente.

LE COMTE.

Valcourt est mon ami, et je suis certain qu'il ne mettra
point d'obstacles à cette union, que je désire vivement...
Laissez-moi donc seul avec lui, et allez m'attendre dans le
parc.

ALFRED.

Dans le parc?... Très-positivement, mon oncle, vous
en voulez à ma vie!... Par pitié, plus de promenade;
laissez-moi avec vous, l'affaire sera bientôt terminée...
Vous proposez l'alliance, M. de Valcourt donne son con-
sentement, moi le mien; on envoie chercher celle qui a
su captiver mes sens, et c'est une affaire faite.

(*Il regarde ses jambes.*)

LE COMTE, *en colère.*

Et pensez-vous donc, Monsieur, qu'une jeune et belle
héritière, possédant 40,000 francs de rentes, malgré tout

l'amour que votre séduisante personne prétend lui avoir
inspiré, ne mérite pas des égards, et... Je ne présume
pas, quoique j'aie grande confiance dans vos manières
adorables, je ne présume pas, dis-je, que vous vous
flattiez de m'apprendre les usages, je crois en savoir là-
dessus un peu plus long que vous.

ALFRED.

La! la! mon oncle, je vous prie, ne vous échauffez pas,
cela me fait mal... mes nerfs sont si irritables, qu'ils ne
peuvent supporter la vue de quelqu'un qui se fâche!... Je
vous laisse, puisque vous l'ordonnez, et je reparaîtrai
quand vous aurez débattu ce point important. Adieu, mon
bon oncle.

(*Il sort en chantant.*)

SCENE III.

LE COMTE, *seul.*

Le diable, je crois, fait marcher tous les jeunes gens
d'aujourd'hui... ils croient avoir de bonnes manières : sur
ma foi, je leur en vois de fort mauvaises. D'abord, qu'est-
ce que ce genre détestable de croire qu'à eux seuls est
réservé le don de plaire? de prétendre que nous autres,
gens d'un moyen âge, nous sommes rococo... rococo?...
Cela veut dire, je crois, bon à rien. (*Avec fatuité.*) Heu-
reusement que les femmes ne partagent point cette opinion,
et qu'il en est encore qui nous accordent quelques bontés.
Alfred est, parmi les jeunes gens du jour, un de ceux qui
se fait le plus remarquer par leur extravagance; il est cité
pour ses chevaux, ses habits... que sais-je, moi... il me
fait pitié; et quelquefois il me prend envie d'étriller de la
bonne manière ce mirliflor, tout en portant le plus grand
respect à son grand genre... Cependant je l'aime, et il
connaît mon faible pour lui... Je serais enchanté si je
pouvais l'unir à mademoiselle de Germont... mariage fort
désirable sous tous les rapports, et... Mais j'entends quelqu'un; c'est sûrement Valcourt... Je ne me suis pas
trompé, c'est lui.

SCÈNE IV.

LE COMTE ST.-ERNEST, VALCOURT.

(*Valcourt arrive par la gauche. — Le valet lui montre le
comte, et sort ensuite.*

VALCOURT, *avec empressement.*

Ah! c'est vous, mon respectable ami; je suis ravi de vous
voir. (*Il lui serre la main.*) Combien je vous dois d'excuses
de vous avoir fait attendre si long-temps!... mais une affaire
importante...

LE COMTE.

Vous vous moquez... les affaires avant tout, mon
cher.

VALCOURT.

Toujours frais et bien portant.

LE COMTE.

Je puis vous faire le même compliment, mon cher Valcourt, en vérité...

VALCOURT.

C'est l'effet du bonheur et de la tranquilité dont j'ai joui
jusqu'à présent.

LE COMTE.

Il ne manque à votre bonheur qu'une femme... je vous
l'ai toujours dit : mariez-vous; une femme serait une
excellente acquisition pour vous, je vous le répète.

VALCOURT, *souriant.*

Pour moi, mon cher Comte?... vous plaisantez...; à
quarante ans..., mon âge...

LE COMTE.

Non, par ma foi, je parle très-sérieusement; et si j'avais
une fille à vous offrir, il faudrait, je vous jure, que vous
me disiez plus d'un non avant de me faire renoncer à
vous avoir pour gendre.

VALCOUET.

Je vous rends tout plein de grâces de la bonne opinion

que vous voulez bien avoir de moi, et j'en suis très-reconnaissant.

LE COMTE.

Maintenant venons à l'affaire qui, jointe au désir que j'avais de vous voir, m'amène aujourd'hui. Vous n'avez, à ce que je suppose, aucune envie d'empêcher votre pupille de porter le lien auquel vous avez vous-même échappé? (*Il rit.*) Hi! hi! hi!

VALCOURT, *embarrassé.*

Mademoiselle de Germont?... elle est libre, et je n'ai sur elle que les droits que son amitié veut bien autoriser. (*A part.*) Où veut-il en venir?

LE COMTE.

Son père, à ce que je vous ai entendu dire, vous a particulièrement recommandé de la marier quand elle aura atteint dix-huit ans?

VALCOURT, *avec une chaleur progressive.*

C'est vrai, et je désire lui obéir, d'autant plus scrupuleusement sur ce point, que je suis entièrement persuadé que la fille de mon ami fera le bonheur de celui qui saura lui plaire et obtenir sa main.

LE COMTE, *regardant Valcourt.*

Vous en parlez comme un amoureux, mon ami...

VALCOURT, *embarrassé.*

Comme un amoureux?...

LE COMTE.

Au demeurant, je partage votre enthousiasme; elle est charmante, et c'est une justice que tout le monde lui rend. Mais je vais vous dire une chose que vous ne savez peut-être pas : son cœur a parlé, mon cher.

VALCOURT, *avec peine et étonnement.*

Son cœur a parlé, dites-vous?... Comment le savez-vous?... Apprenez-moi, de grâce?...

LE COMTE.

Vous saurez que mon neveu...

VALCOURT.

Alfred de Saint-Ernest?...

LE COMTE.

Oui, et d'après tout ce qu'il m'a dit, je suis persuadé que votre pupille ne le voit pas avec indifférence.

L'Amour.   2

VALCOURT.

J'avoue que vous m'étonnez : voilà la première nouvelle
que j'en ai ; et je ne puis concevoir que mademoiselle de
Germont ait fait de tout ceci un secret pour moi ; car je lui
ai dit souvent que jamais je ne m'opposerais à son inclination, et que tout ce que je me permettrais, serait de
chercher à la diriger.

LE COMTE.

Et en cela, vous avez agi parfaitement bien, mon cher,
je vous approuve. (*Ici Adèle et Rose paraissent.*) Mais
voici mademoiselle de Germont.

SCÈNE V.

LES MÊMES, ADÈLE, ROSE.

ADÈLE, *à Valcourt, avec timidité.*

Vous êtes occupé, je me retire.

(*Elle veut sortir.*)

LE COMTE, *allant au-devant d'elle, et l'amenant par
la main.*

La beauté n'est jamais de trop, Mademoiselle, et, en
mon particulier, je bénis l'heureux hasard qui a fait diriger
vos pas vers ce salon, puisqu'il me procure plus tôt que
je ne l'espérais, l'honneur de vous présenter mes ho-
mages.

ADÈLE, *saluant.*

C'est trop de bontés, Monsieur.

VALCOURT.

Restez, Adèle; je joins mes prières à celles de M. le
comte de St.-Ernest.

ROSE, *à Adèle.*

Mais ne tremblez donc pas comme cela : jeune, belle,
riche et timide, cela ne s'est jamais vu.

LE COMTE, *bas à Valcourt.*

Elle est ravissante !

VALCOURT, *à Adèle.*

Vous connaissez le motif de sa visite, sans doute ?

ADÈLE, *embarrassée.*

De la visite de Monsieur ?...

VALCOURT.

Oui... Rassurez-vous, mon intention n'est pas de vous reprocher de m'avoir fait si long-temps un secret de vos désirs.

ADÈLE.

Mais... je ne comprends... (*A Rose.*) Rose, je ne sais...

(*Le Comte et Valcourt s'entretiennent un moment. — Rose en profite pour dire à Adèle :*

ROSE.

Eh bien, Mademoiselle, moi, je parierais ma tête, qu'il s'agit d'une proposition de mariage. Est-ce donc une chose si épouvantable ?... A votre place, je serais honteuse de me conduire ainsi. Au temps qui court, les jeunes demoiselles ne s'effraient guère d'une pareille affaire.

LE COMTE, *à Valcourt.*

Nous avons eu tort de la prendre ainsi à l'improviste ; il faut lui donner le temps de se remettre. Je pense qu'il sera plus convenable que vous lui parliez seul.

VALCOURT, *avec peine.*

Je suis de votre avis.

LE COMTE, *à part.*

Allons rejoindre mon neveu, qui doit être dans une vive impatience. (*A Adèle.*) Mademoiselle, veuillez agréer mes respects. (*A Valcourt.*) Que de grâces ! que de modestie ! elle est véritablement charmante... Sur l'honneur, mon cher Valcourt, je serais ravi de la voir entrer dans ma famille. Allons, venez, venez, mon ami, me faire voir les embellissemens que vous faites faire ; je suis grand amateur de jardins.

(*Ils sortent ensemble. — Valcourt jette sur Adèle des regards expressifs et continuels.*)

SCENE VI.

ADÈLE, ROSE.

ROSE.

A mon tour de parler. Il faut avouer, Mademoiselle,
que vous êtes vraiment singulière. Quoi? vous mouriez
d'ennui dans le vieux château de votre tante; votre tuteur
vous amène près Paris, dans cette magnifique terre où tous
les plaisirs du grand monde se trouvent réunis; depuis
quatre mois que vous y êtes, vous paraissez n'avoir aucun
goût pour le mariage; en voilà, à ma connnaissance, dix
que vous refusez. Je ne sais, ma foi, comment expliquer
tout ceci... Ce vieux Monsieur qui est avec votre tuteur,
est l'oncle de M. Alfred, de ce jeune homme à la mode qui
soupire, et qui se meurt pour vous, à ce qu'il dit. (*Elle rit.*)
Je parierais tout au monde qu'il vient vous demander en
mariage pour son neveu.

ADÈLE.

Ah! Rose, te t'en prie, ne me dis pas cela, et ne me
parle jamais de ce M. Alfred.

ROSE.

Pourquoi pas? Il est vrai qu'il s'estime beaucoup, qu'il
adore bien sa charmante petite personne, qu'il adore encore davantage à s'entendre parler, à... que sais-je, moi?
Mais aussi, il est jeune, il a les belles manières, il est
riche, et voit haute compagnie. Ah! le métier serait bientôt
perdu, si les hommes et les femmes devenaient si scrupu-
leux dans leurs choix.

ADÈLE.

Mais si je trouve un homme exempt de tous ces défauts,
sans doute il doit m'être permis de le préférer.

ROSE.

Exempt de tous ces défauts? ce serait alors un homme
accompli. Parmi ces Messieurs, c'est chose difficile à ren-
contrer, et malgré tout le respect que je vous porte, vous
me permettrez de ne pas croire à une aussi grande trou-
vaille.

(*Elle rit aux éclats.*)

ADÈLE.

Oh! je t'assure.... et puis bien t'affirmer....

ROSE , *de même.*

Allons... puisque vous m'affirmez... Est-il jeune, Mademoiselle, ce phénix? Ah! ah! ah!

ADÉLE , *chaleur vive et marquée.*

Il est bon, aimable, modeste, poli, généreux, et il sait charmer par une douce sensibilité; tandis que tous les jeunes gens du grand monde, comme ce M. Alfred, sont ridicules par l'insolence qu'ils affectent, et par les airs qu'ils se donnent; ils ont toujours celui de vous dire : Admirezmoi!

ROSE.

Quelle vivacité!... quel feu!... quel... sur ma parole, vous m'étonnez. Dieu! qu'on a bien raison de dire que l'amour rendrait la parole à une fille muette... Mais pourquoi tant tarder à découvrir votre secret? votre tuteur est d'une bonté sans égale; je ne vois pas alors la difficulté qui vous retient.

ADÈLE.

Oh! ma chère Rose, une bien forte : celle de déclarer mes sentimens.

ROSE.

N'est-ce que cela?... abandonnez - moi ce soin, Mademoiselle, je m'en charge, et... Mais cet homme parfait, avec tout son mérite, doit avoir un grand manque de pénétration, s'il n'a pas su lire son bonheur dans vos yeux.

ADÈLE.

J'ai mis le plus grand soin à ce qu'ils ne me trahissent pas; et puis, il a trop de délicatesse pour interpréter mes regards en sa faveur.

ROSE, *riant.*

Allons, Mademoiselle, je commence à croire que ce n'est point un homme comme un autre.

ADÈLE.

D'ailleurs, je crains beaucoup qu'il ne m'accorde pas.... qu'il n'éprouve pas pour moi le même sentiment; et je mourrais de honte s'il savait que je l'aime.

ROSE.

Dites - moi donc ce qui vous empêche d'en venir à une explication?

ADÈLE.

L'excès de son mérite.

ROSE, *avec emportement.*

L'excès de son mérite! l'excès de son mérite! mais y pensez-vous? Vous me mettriez en colère de vous entendre parler ainsi; l'excès du mérite chez un homme! c'est par trop fort. (*Elle rit.*) Mais écoutez, je vais vous indiquer un moyen simple de vous tirer d'embarras. Confiez-moi votre secret; je le confierai à une demi - douzaine de bonnes amies, qui le confieront chacune à une autre demi-douzaine; de cette manière, je vous réponds qu'il sera bientôt su de tout le monde; celui qui y est intéressé ne pourra manquer de l'apprendre; et s'il n'est pas à vos pieds en moins de temps qu'il n'en faut pour pousser un soupir, (*Elle soupire.*) je renonce volontiers à tous les cadeaux qui me reviendront quand vous vous marierez.

ADÉLE.

Tu es folle.

ROSE.

D'abord commençons par quelque chose. Quel est son nom?

ADÈLE.

Je ne puis te le dire; je crains de paraître bizarre.

ROSE.

Ne craignez rien; il vous faut une confidente, de droit je la dois être. Allons, un peu de confiance; je brûle de savoir.... Vous dites donc que c'est...

ADÈLE, *réfléchissant, et ayant l'air de prendre un parti.*

Mais pourquoi, après tout, serais-je honteuse de l'attachement que je ressens? L'impression que cet homme distingué fait sur mon cœur, est-elle donc une faiblesse qu'on ne puisse excuser?

ROSE.

Revenons à notre amoureux.

(*Ici Valcourt, fort agité, arrive assez vite par la porte du jardin.*)

SCÈNE VII.

LES MÊMES, VALCOURT.

ADÈLE, *à part.*

Ciel! mon tuteur.

VALCOURT.

Je suis bien aise de vous trouver encore ici, Adèle; je désire vous parler. (*A Rose.*) Rose, laissez-nous, je vous prie.

ROSE, *à part.*

Je ne sais rien.... Voilà du nouveau qui se prépare encore... Ah! qu'il est cruel de...

(*Elle sort.*)

SCÈNE VIII.

ADÈLE, VALCOURT.

VALCOURT.

Ne croyez pas, ma chère Adèle, que je veuille pénétrer dans vos projets plus que vous ne le désirez; mais l'intérêt réel que j'ai pour vous, la sincère amitié que je ne cesserai jamais de vous témoigner, la confiance que votre père a eue en moi, en vous remettant à mes soins, me donnent quelques droits de m'occuper de tout ce qui peut intéresser votre bonheur. Il m'a été fait des propositions pour votre établissement; mais ce n'est pas encore le seul motif qui m'a fait désirer de vous parler. Depuis quelque temps vous êtes triste, inquiète; vous avez refusé plusieurs partis convenables; ouvrez - moi votre cœur : je suis votre tuteur, mais aussi votre meilleur ami.(*D'une voix émue et altérée.*) Dites-moi, ma chère Adèle, quelqu'un a-t-il été assez heureux pour vous plaire?

ADÈLE, *timidement.*

Monsieur... Je ne sais... Oui... Mais...

VALCOURT; *avec peine et douceur.*

Allons, remettez-vous, et parlez-moi avec franchise.

ADÈLE, *émue.*

Je ne puis le nier; quelqu'un, il est vrai, est parvenu à me... Mais, par pitié, ne poussez pas plus loin vos questions, il m'est impossible de pouvoir continuer.

VALCOURT, *avec inquiétude.*

Un peu de confiance, allons... Vous avez donc fait un choix?

ADÈLE, *avec crainte et timidité.*

Oui... j'ai fait un choix.

VALCOURT, *à part.*

Affreuse certitude!

ADÈLE, *avec feu.*

Et un choix tel qu'il est impossible d'en faire un meilleur........ La raison et l'honneur ne peuvent que l'approuver.

VALCOURT, *toujours peiné et inquiet.*

Et... depuis combien de temps cet amour a-t-il pris naissance?

ADÈLE, *baissant les yeux.*

Depuis que je suis venue habiter cette terre.

VALCOURT, *à part.*

Plus de doute! mon vieil ami ne s'est point trompé. (*Haut.*) Je conçois votre trouble; mais je vais, j'espère, faire cesser votre inquiétude. Apprenez donc, Adèle, que je sais tout.

ADÈLE, *baissant les yeux.*

Ah! vous savez?...

VALCOURT.

Bannissez toute crainte; car je suis assez heureux pour vous assurer que votre attachement est payé du plus tendre retour.

ADÈLE, *avec joie et naïveté.*

Si vous ne me trompez pas, je ne puis qu'être heureuse d'une telle assurance.

VALCOURT.

Non, je ne vous trompe pas, soyez en convaincue. Mais,

après l'aveu que vous m'avez fait, et les assurances que je
viens de vous donner, pourquoi persistez-vous à vous
taire? n'ai-je pas mérité un peu de confiance de votre
part?

(*Il lui prend la main.*)

ADÈLE.

Oui; vous méritez toute ma confiance, et je m'empres-
serais de vous ouvrir entièrement mon cœur, si je ne crai-
gnais pas...

VALCOURT.

Quoi? Me suis-je donc jamais montré sévère à votre
égard? Pouvez-vous, chère Adèle, douter de mon affec-
tion?

ADÈLE.

Eh bien! puisque vous l'exigez, je vais... Mais je vous
avoue qu'après cet aveu, il ne me sera plus possible
de paraître devant vous.

VALCOURT.

Je vois combien il vous coûte... mais de nouveau je
vous conjure de m'accorder une confiance entière. Dites-
moi le nom de celui qui a su vous inspirer un tendre sentiment, et...

ADÈLE, *étonnée, le regardant.*

Son nom? (*Avec timidité.*) J'ai cru que vous le saviez?
L'homme que j'aime, vous le trouverez facilement; dites-
lui que je n'ose lui apprendre combien il m'est cher; que
ses qualités!... (*Avec intention, et baissant les yeux.*) Je
vais vous laisser avec lui, et j'ose espérer que j'en ai dit
assez pour que ma pensée vous soit connue.

(*Elle va pour sortir, mais s'arrête au fond.*)

SCÈNE IX.

LES MÊMES, ALFRED.

VALCOURT, *étonné, et seul à l'avant-scène.*

Qu'ai-je entendu? Nous sommes seuls... Serait-il possible!... O bonheur! (*Il va pour reconduire Adèle, et voit*

Alfred qui entre par le jardin.) Dieu! je ne l'avais point
aperçu!... (*Avec tristesse.*) Maintenant tout est expliqué.
Quelle était mon erreur!

ALFRED, *retenant Adèle.*

Arrêtez, arrêtez, belle dame, permettez que je retienne
vos pas.

ADÈLE.

Mais, Monsieur...

ALFRED.

Que j'entende de votre bouche le charmant et naïf aveu
qui doit me rendre le plus heureux des hommes. Ah! je
vous prie, je vous en supplie!... votre excellent tuteur le
permet; n'est-ce pas, Monsieur?...

VALCORT, *agité.*

Mademoiselle de Germont, Monsieur, est libre de son
choix.

ALFRED.

Vous l'entendez... libre de son choix?... Mon bonheur
est donc assuré?...

ADÈLE, *à part.*

Est-il position plus affreuse!... (*Haut.*) Monsieur, je
ne sais pas ce que...

ALFRED.

Tranquillisez-vous, trop adorable Adèle, par l'anneau
de la reine Berte, j'aurai bientôt arrangé les choses; mais,
de grâce, calmez - vous. M. de Valcourt, dites lui donc
que... Son embarras est délicieux, enchanteur!...

VALCOURT.

La volonté de ma pupille est une loi pour moi; et quant
à vous, Monsieur, l'amitié que j'ai toujours professée pour
votre oncle, doit vous être un sûr garant de tout l'intérêt
que j'apporte à la réussite...

(*Il s'arrête fort ému.*)

ADÈLE, *à part.*

Que dire?... que faire?...

ALFRED, *avec volubilité.*

Vous me rendez la vie, cher et très-cher M. de Valcourt; vous êtes gracieux, on ne peut davantage... oui,
d'honneur, vous êtes admirable!... admirable! c'est le

mot. (*A Adèle.*) Charmante Adèle, ne tremblez donc pas comme cela. (*A part.*) Ravissante, sur ma parole!... Elle est émue au dernier degré : c'est très-bien... le sentiment, la joie, la pudeur, le mariage, le... c'est tout simple ; cela doit-être même... (*Haut à Valcourt.*) Quant à vous, Monsieur, vous êtes un homme de sens, qui n'écoutez pas de sots préjugés, et qu'il vous suffit de voir un jeune homme comme moi qui, j'ose le dire, jouit de quelques avantages...

ADÈLE, *à part.*

Quelle situation !

VALCOURT, *à Alfred.*

Ne vous flattez pas trop, Monsieur; car je vous déclare que c'est uniquement sur la connaissance que j'ai de votre famille, que je fonde toutes mes espérances pour le bonheur de ma pupille et le vôtre. Je vais trouver votre oncle, et lui dire que tout marche selon ses désirs.

ADÈLE.

Monsieur, arrêtez, je vous supplie !

VALCOURT, *avec bonté.*

Adèle, je vois votre embarras... Remettez-vous ; je vais vous laisser avec M. Alfred. (*A part en sortant.*) Ah ! dieu !

SCENE X.

ALFRED, ADÈLE.

ALFRED.

Je puis bien vous promettre, excellent tuteur, que... (*Se retournant.*) Déjà parti?..... Mais c'est presqu'un jeune homme, le cher tuteur. (*A Adèle.*) Eh bien, vous devez être bien satisfaite; tout ne semble-t-il pas aller au-devant de nos souhaits?... Soyez sincère : vous êtes comme moi enchantée ?...

ADÈLE, *sévèrement.*

Je vous serai particulièrement obligée, Monsieur, si vous voulez avoir la bonté de m'expliquer tout ce qui vient de se passer.

ALFRED, *riant.*

Vous expliquer ce qui vient de se passer ?... Mais, trop séduisante Adèle, la chose est, je crois, fort facile à comprendre. Nos parens, qui du reste sont des parens charmans, nos parens, dis-je, ont du discernement, nous de l'amour ; nécessairement il doit s'en suivre un mariage.

ADÈLE, *effrayée.*

Un mariage !... Mais, Monsieur, rien n'a pu vous faire supposer...

ALFRED.

J'ai supposé, et je crois avec assez de raison, qu'il y avait entre nous quelque peu d'amour.

ADÈLE.

Et c'est sur cette supposition que vous vous êtes permis de parler à mon tuteur ?... La chose est nouvelle.

ALFRED, *d'un ton suffisant.*

En êtes-vous fâchée ?... je ne le crois pas.

ADÈLE.

Cessez, Monsieur... vous vous oubliez... et vos procédés étranges...

ALFRED.

Mais, sur ma foi, Mademoiselle, c'est vous que je trouve étrange ; n'avez-vous pas entendu votre tuteur, au moment même, exprimer le plaisir que lui cause notre union ?

ADÈLE.

M. de Valcourt est dans l'erreur ; et si votre conduite ne m'avait point autant étonné, Monsieur, je l'aurais sur-le-champ détrompé.

ALFRED.

Mais dites-moi, Mademoiselle, vous voulez donc vous opposer à votre propre inclination ?

ADÈLE, *outrée.*

A ma propre inclination, Monsieur ?

ALFRED.

Sans doute : à votre propre inclination.

ADÈLE.

Soyez assuré, Monsieur, que jamais je n'ai pensé à vous.

ALFRED, *souriant, avec fatuité.*

Et vous croyez réellement ne pas m'aimer ?

ADÈLE.

Très-positivement.

ALFRED, *de même.*

Et vous êtes certaine que vous me haïssez ?

ADÈLE.

De tout mon cœur.

ALFRED, *à part.*

Cette jeune personne, sur mon dieu, n'a pas la tête à elle.

SCÈNE IX.

LES MÊMES, LE COMTE ST.-ERNEST, VALCOURT.

LE COMTE.

Ah! les voilà ensemble, mon cher Valcourt, c'est bien là l'âge du bonheur et de l'amour. Je suis si ravi de l'alliance de nos deux familles... Mais que vois-je?... nos amans ont l'air de se bouder... Qu'avez-vous, Alfred?

ALFRED.

Une bagatelle, mon cher oncle, Mademoiselle vous dira ce que c'est.

(*Il fredonne un air, et ouvre un livre qu'il prend sur une table.*)

VALCOURT, *à Adèle.*

Vous paraissez troublée... Que vous est-il donc arrivé?...

ADÈLE, *assez vivement.*

Vous avez été induit en erreur, Monsieur; je ne vous ai pas désabusé plus tôt, parce que je ne pouvais prévoir les conséquences sérieuses et subites qui devaient en résulter ; mais je me vois maintenant forcé de vous dire que vous vous êtes tout-à-fait mépris sur le sens de mes paroles, et que vous m'avez bien affligée...

(*Elle se couvre la figure de son mouchoir.*)

VALCOURT.

Comment cela?... je ne comprends pas...

ALFRED, *jetant son livre sur la table.*

Il plaît à Mademoiselle de me chercher une mauvaise querelle; mais je ne puis la blâmer, car, sur mon honneur, je pense qu'un peu de coquetterie lui sied à ravir.

LE COMTE, *riant.*

Hi! hi! hi!... N'est-ce que cela?... Ces petites discussions sont délicieuses; je connais cela, je les aime beaucoup. (*Il rit.*) La querelle d'abord, puis le raccommodement.

(*Il rit plus fort.*)

ALFRED.

M. de Valcourt, parlez un peu à votre adorable pupille; elle a toutes sortes de mérites; mais sur mon honneur...

VALCOURT.

Ma chère Adèle, je vous prie, veuillez bien nous expliquer...

ADÈLE, *émue.*

Je ne puis en ce moment; je ne me sens pas bien... Permettez-moi de me retirer. (*A part.*) Il ne veut pas me comprendre!...

Elle sort. — Valcourt reste plongé dans ses réflexions. — Le Comte regarde sortir Adèle avec étonnement.

SCENE XII.

LE COMTE St.-ERNEST, VALCOURT, ALFRED.

LE COMTE, *à Alfred.*

En vérité, Monsieur, tout ceci passe la plaisanterie; que lui avez-vous donc fait?... Cette jeune et charmante personne paraît extrêmement agitée.

VALCOURT, *avec feu.*

Parlez, parlez : j'ai aussi le droit d'exiger...

ALFRED.

Sur ma parole, Messieurs, je vous jure que je suis tout
aussi surpris que vous pouvez l'être. La petite brouille que
nous avons, ne vient que de ce qu'elle s'obstine à dire qu'il
n'y avait nulle passion, nulle inclination entre nous.

LE COMTE.

Monsieur mon neveu, je dois vous dire que vous avez,
dans votre personne, un air d'impudence que je n'approuve
nullement; vous commencez a m'échauffer furieusement
les oreilles.

ALFRED.

Mais enfin, de quoi la charmante Adèle se plaindrait-
elle?... J'ai offert de l'épouser de suite... N'est-ce pas
une preuve évidente de mon amour?... Pour qu'un homme
comme moi en vienne à de pareilles extrémités, il faut
qu'il soit furieusement épris... Epouser... Diable! mais
il me semble que c'est beaucoup... je me sacrifie entièrement!

LE COMTE, *haussant les épaules.*

Mon cher Valcourt, que dites-vous de tout ceci?

VALCOURT.

Mon esprit est agité de pensées diverses : tout ce que je
vois et entends est si contradictoire, est si... (*A Alfred.*)
Elle n'aime pas un autre que vous?...

ALFRED, *avec suffisance, en riant.*

Un autre?... (*Regardant sa jambe.*) Non, je ne le crois
pas.

SCÈNE XIII.

LES MÊMES, UN DOMESTIQUE.

LE DOMESTIQUE, *à Valcourt.*

Monsieur, Mademoiselle désire vous parler aussitôt
qu'elle sera remise de son indisposition.

VALCOURT.

Je suis à ses ordres. Ecoutez-moi, M. Alfred, si les sentimens de ma pupille se prononcent en votre faveur,

prenez garde de la traiter avec négligence ou dédain...
jamais, jamais je ne le souffrirais...

ALFRED, *à part.*

Comme il prend feu, le cher tuteur !

VALCOURT.

Tout homme doit être fier de la préférence qu'elle veut
bien avoir pour lui... et doit avoir un cœur vraiment gâté
par les mauvais principes, que malheureusement on prend
trop souvent dans le grand monde, celui qui ne consacre-
rait pas tous les instans de sa vie à faire le bonheur d'une
jeune personne aussi aimable, aussi sensible...

(*Il sort.*)

SCÈNE XIV.

LE COMTE ST.-ERNEST, ALFRED.

ALFRED, *regardant sortir Valcourt.*

Ah ! ça, est-ce qu'il est fou, le cher tuteur ?

LE COMTE.

Profitez, Monsieur, profitez ; allez, sur-le-champ, vous
jeter aux pieds de mademoiselle de Germont, et restez-y
jusqu'à ce qu'elle veuille bien oublier votre ridicule conduite. Dites-lui que sa beauté et son mérite vous ont entièrement captivé, que...

ALFRED.

Mais, mon oncle, ce n'est pas ça du tout... vous n'entendez rien à ce genre d'affaires-là.

LE COMTE, *fortement en colère.*

Le diable emporte votre impudence ! Sur mon âme,
Alfred, je ne puis y tenir plus long-temps.

ALFRED.

Allons, allons, ne nous fâchons pas, mon cher oncle ; je
vous quitte. Je reviendrai savoir à quoi m'en tenir ; car un
homme comme moi ne peut pas... mais enfin... Je vais
encore une fois respirer le doux parfum des fleurs, et entendre le chant suave des oiseaux.

(*Il sort en chantant.*)

SCÈNE XV.

LE COMTE ST.-ERNEST, *seul.*

Je ne sais qui me retient... (*Il tombe essouflé dans un fauteuil.*) Ah! je n'entends rien à cela... Eh bien, je serais enchanté maintenant que mademoiselle de Germont le refusât. Vit-on jamais pareille impudence!... Je n'entends rien à cela... moi qui, sans amour propre, peut dire...

SCÈNE XVI.

LE COMTE ST.-ERNEST, ROSE.

ROSE, *criant dans la coulisse.*

Je le tiens! je le tiens! je le tiens enfin!

LE COMTE.

Quoi donc ?...

ROSE, *riant.*

Ce fameux secret. Ouf!... Oui, je connais le chevalier errant qui a blessé le cœur de ma langoureuse maîtresse, je le connais.

LE COMTE.

Eh bien, qui?... Dites promptement, Rose.

ROSE.

Quel bonheur de découvrir un secret!... Je l'ai tant pressée, tant pressée, qu'elle a fini par me tout avouer.

LE COMTE.

En finirez-vous?... Dieu! quel moulin à paroles!... Vous dites donc ?...

ROSE.

D'abord qu'elle n'aime point le moindrement monsieur votre neveu.

LE COMTE.

C'est ce dont je croyais m'être déjà aperçu.

ROSE.

Qu'elle a une antipathie marquée pour les jeunes gens

L'Amour. 4

du grand genre; (*Elle rit.*) et qu'elle a fixé ses affections sur un homme d'âge mûr, (*Regardant le Comte.*) très-mûr même.

(*Elle rit.*)

LE COMTE.

En vérité !

ROSE.

Qu'elle attendait d'un homme, sorti de la première jeunesse, plus d'attachement, de complaisance, de constance et plus de discrétion.

LE COMTE.

Oui ?... Mais comment donc, mais c'est qu'elle pense parfaitement bien, cette jeune personne... elle montre du goût, du discernement...

ROSE.

Enfin, comme elle s'était déclarée contre le neveu très-ouvertement, j'ai pris sur moi de lui parler de l'oncle.

LE COMTE, *satisfait*, *mais étonné.*

De moi, mon enfant ?...

(*Il arrange son jabot.*)

ROSE.

Oui, de vous, Monsieur. Elle n'a dit ni oui, ni non; mais elle m'a regardé d'une manière... Ah! elle a poussé un tel soupir, que moi, qui m'y connais, je n'ai pu me méprendre.

LE COMTE, *enchanté.*

Comment diable se peut-il ?... Vous plaisantez, hein ?... n'est-ce pas ?... Je sais bien que dans mon temps on avait une tournure, une jambe passablement faite... Les femmes me voulaient assez de bien... quelques succès obtenus... Mais, allons, vous voulez rire ?

ROSE.

Je vous assure, Monsieur, que je parle sincèrement. J'ai eu beau lui représenter que rien n'était plus extravagant, plus ridicule qu'un pareil choix...

LE COMTE, *mécontent.*

Mais, Mademoiselle, vous avez eu grand tort de lui dire cela... que diable! ce sont des choses qu'on ne dit jamais.

ROSE.

J'ai été même plus loin, Monsieur, et je vous prie de me le pardonner. Grand dieu! Mademoiselle, lui ai-je dit, y pensez-vous? mais M. le comte de St.-Ernest est vieux,

goutteux, asmathique, apoplectique, peut-être hydro-
pique... que sais-je?... Rien n'y a fait : elle avait pris son
parti.

LE COMTE, *à part*

Maudite femme de chambre ! (*Haut.*) Mais, ma chère,
votre maudit bavardage m'a fait un tort irréparable dans
son esprit. Il ne fallait pas lui débiter de pareilles sottises.
(*Bas, lui remettant une bourse.*) Tenez, voilà pour retenir
votre langue. (*A part.*) J'avais juré de ne jamais me marier ; mais, ma foi, l'occasion est trop belle. Cette jeune
personne est charmante, et puisque je lui plais au point...
(*Haut.*) Mais, Rose, vous ne m'en imposez point ?

ROSE.

Je vous assure que c'est de vous seul, vous seul dont elle
a fait choix ; vous pouvez m'en croire... foi de Rose !

LE COMTE, *enchanté.*

Je vous crois. Ah! ah! vous ne risquez rien, M. Alfred,
tout agréable et tout séduisant que vous croyez être, je vais
bien rire à vos dépens. (*Il rit.*) Non, mais ces pauvres
jeunes gens, ils croient qu'une fois arrivé à la soixantaine
on n'est plus bon à rien, et qu'on a perdu tous les moyens
de plaire. Vous allez apprendre à connaître ceux qui valent
mieux que vous, mon drôle !... Je l'aperçois. (*A Rose.*)
Ne lui dites rien, je veux me moquer de lui tout à mon
aise, et jouir de mon triomphe.

(*Il se frotte les mains et rit.*)
ROSE.

Vous avez raison, Monsieur ; les rieurs seront de votre
côté.

LE COMTE.

Chut! chut! voici mon neveu.

SCÈNE XVII.

LES MÊMES, ALFRED.

ALFRED, *à la cantonade.*

John, partez de suite ; exécutez mes ordres promptement. (*Il entre.*) Je viens de m'occuper des invitations
de plusieurs personnes que je désire avoir pour célébrer

mon bonheur et celui de la belle Adèle. Je fais venir sur-le-champ mon joli landaulet, qui sort de chez Binder, et fait l'admiration de tout Paris. Ajoutez à cela qu'il est atelé d'une paire de jolis chevaux anglais... Dieu! quelles délicieuses bêtes!... je suis sûr qu'Adèle en raffolera.

LE COMTE, *riant, à part.*

Oui, fais venir ton joli landaulet!... lui, tes délicieuses bêtes et toi, vous pourrez bien vous en retourner sans femme... Ah! ah! ah!

ROSE, *à Alfred.*

Vous vous êtes trop pressé, Monsieur; il est temps de faire cesser l'erreur dans laquelle noes étions tombés tous par votre faute.

LE COMTE.

Oui, oui, grand temps.

ALFRED, *riant.*

Qu'est-ce que vous dites-là, ma chère?

ROSE.

Que mademoiselle de Germont a fixé son choix sur un autre.

ALFRED.

Sur un autre?... Ah! ah! ah!

LE COMTE.

Oui, Monsieur, sur un autre!... je crois que ceci me paraît fort clair : sur un autre.

ALFRED, *riant.*

Ah!... c'est très-bien; pas mal, pas mal du tout!... Je comprends : la plaisanterie est fort drôle; mais ce n'est pas à moi... Ah! ah! ah!

ROSE, *à part.*

Il croit, sur ma parole, que c'est un conte. Il paraît que le cher neveu n'est pas mal entêté de son petit mérite.

LE COMTE.

Et cet autre, Monsieur, est un homme fait pour apprécier une femme, et auquel vous devez le plus grand respect.

ALFRED.

Je suis bien son humble... Mais peut-on savoir qui est ce dangereux rival?... Ah! ah! ah!

LE COMTE.

Vraiment, M. le Céladon moderne, il faut convenir que

vous êtes un joli garçon de m'avoir fait de si belles histoires sur vos amours avec la pupille de mon ami, tandis que vous n'avez pas plus de droit sur son cœur que l'empereur de la Chine.

ROSE.

Monsieur votre oncle a raison, vous nous avez trompés...

SCÈNE XVIII.

LES MÊMES, VALCOURT.

VALCOURT.

Messieurs, c'est devant vous qu'elle veut faire connaître ses sentimens.

ALFRED.

Eh bien, à la bonne heure.

ROSE, *bas au Comte.*

Vous l'entendez?

LE COMTE, *de même.*

Oui, oui.

SCÈNE XIX ET DERNIÈRE.

LES MÊMES, ADÈLE.

ALFRED.

Venez, Mademoiselle, mettre fin à toutes les querelles, à toutes les intarissables plaisanteries dont mon oncle...

ADÈLE.

Si j'hésitais plus long-temps à me déclarer, ce serait faire injure à la fois à mon tuteur, à son ami, à vous, Monsieur, et à moi-même.

ALFRED.

J'en étais bien sûr.

ROSE, *au Comte.*

Eh bien! que vous ai-je dit?

LE COMTE , *ravi, à part.*

Je suis dans l'enchantement! Cette pauvre petite, comme elle est émue.

ADÈLE.

Avant de déclarer mes sentimens, je dois avouer...

ALFRED.

Eh bien?

ADÈLE.

Avouer avec crainte...

ALFRED.

Quoi, belle Adèle...

ADÊLE.

Qu'une personne... non pas vous, Monsieur, a, sur mon cœur, acquis le plus grand pouvoir.

ROSE, *au Comte.*

Eh bien! Monsieur...

LE COMTE, *à Alfred, ironiquement.*

Une personne, non pas vous... Comprenez-vous cela, M. mon neveu?

(*Il rit.*)

ALFRED.

Cela est impossible.

VALCOURT, *à part.*

Je suis au supplice.

ROSE, *à part.*

Rien ne pourra lui ôter de la tête qu'elle l'aime; cela est un peu violent!

ADÈLE.

Mais ce pouvoir... je crains bien qu'il n'en fasse aucun cas; sa conduite...

LE COMTE, *à part.*

Quel charmant reproche elle m'adresse; Il ne sera pas difficile de me justifier. Je n'y tiens plus, il faut que je me jette à ses pieds.

(*Il s'y met en effet.*)

ALFRED, *avec exclamation.*

Qu'est-ce que je vois là!

LE COMTE, *aux genoux d'Adèle.*

Mon adorable demoiselle, vous dont les charmes sont si grands, et qui surpassez en beauté tout ce que j'ai vu; comment avez-vous pu imaginer que mon silence ressem-

blât à l'indifférence?... Dites-moi, belle et charmante
Adèle, était-il sage à un homme de soixante-six ans, tout
près même de soixante-dix, de...

ALFRED, *riant aux éclats.*

Miséricorde!... j'en mourrai!... Quoi, mon oncle est
mon rival!... Oh! là... (*Il se tient les côtés.*) C'est vraiment à en rester sur place. Rose, ma très-chère Rose, un
siège, un verre d'eau, je me meurs!... Ah! ah! ah!

ADÈLE, *au Comte, qui est toujours à ses genoux.*

Mais, Monsieur, relevez-vous, de grâce; je ne sais ce
que vous voulez dire... Cependant votre âge n'est pas un
défaut à mes yeux.

ALFRED, *à son oncle, qui veut se relever.*

Pas mal, restez; pas mal du tout: c'est classique.

LE COMTE, *se relevant, à Adèle.*

Vous êtes aussi indulgente que belle.

ADÈLE.

Mais aussi ce n'est pas une qualité telle qu'elle puisse me
faire sacrifier l'inclination que j'ai pour une autre personne.

LE COMTE, *suspris.*

Comment? un autre personne?

ALFRED, *riant.*

Bien. (*A son oncle.*) Une autre personne, non pas vous,
mon cher oncle, entendez-vous? cela me paraît fort clair.
(*Riant aux éclats.*) C'est fini, je suis mort; c'est trop de
plaisir à la fois... Ah! ah! ah!

ROSE, *stupéfaite.*

En voici bien d'une autre, à présent. (*Elle se frappe la
tête en regardant Valcourt.*) Ah!.. imbécille que je suis!..
Comment n'ai-je pas vu cela?... Dieu, que je suis mala-
droite!...

LE COMTE.

J'ai été, je le vois, induit en erreur; Mademoiselle, soyez
assez bonne, assez généreuse pour m'excuser. Je me suis
rendu ridicule, mais mon excuse est dans vos charmes; il
eût été bien difficile d'y résister; j'ose compter sur votre in-
dulgence. (*A Rose.*) Quant à toi, ma mignonne, je te réserve
une récompense.

ROSE, *riant et saluant.*

Il n'y a pas de quoi, Monsieur.

ALFRED.

Mais enfin , quel est donc le fortuné mortel?...

ROSE , *montrant Valcourt.*

Le voilà!... (*à part.*) Dieu en soit loué! Je l'ai annoncé la première, et voilà ma bévue réparée.

ALFRED.

Quoi? le cher tuteur?... Pas mal !

VALCOURT.

Chère Adèle, vais-je aussi m'exposer à un refus?

ADÈLE.

J'ai refusé ma main à monsieur le Comte et à son neveu; l'un m'accuse peut-être de caprice, l'autre de singularité. (*Souriant.*) Si je me rendais coupable d'un troisième refus, je pourrais m'attirer un reproche plus sévère, j'accepte donc votre main, et je tâcherai de m'en rendre digne.

ROSE.

C'est bien s'en tirer.

LE COMTE.

Eh bien! mon incroyable neveu, êtes-vous satisfait du sot rôle que vous m'avez fait jouer, et de celui que vous-même avez eu dans cette affaire, malgré vos précieuses qualités?

ALFRED.

Que voulez-vous que je vous dise, mon très-cher oncle; j'ai trop de philosophie pour me désoler... et puis, je suis naturellement sensible, très-sensible... leur bonheur me touche... je leur pardonne... oui, d'honneur, je suis tout ému... cela va là.

(*Il montre son cœur.*)

VALCOURT.

Adèle, c'est à ma conduite future à vous apprendre quel prix j'attache au bonheur que j'étais si loin d'espérer, et que je chercherai toujours à mériter par les soins les plus tendres et les assidus.

ROSE.

J'espère que voilà un amour raisonnable !

ALFRED.

Ah ! bien, très-bien, cher tuteur!... Vous êtes du siècle; vrai, parole!...

FIN.